道路交通事故应急处置实务

陈晓安 编

人民交通出版社股份有限公司
北京

内 容 提 要

本书讲解了道路交通事故应急处置要点和措施，并通过深度分析真实案例让读者获得应急处置的"实战体验"。

本书可供汽车驾驶员、道路运输企业主要负责人和安全生产管理人员、交通运输主管部门管理人员阅读参考。

图书在版编目（CIP）数据

道路交通事故应急处置实务 / 陈晓安编. — 北京：人民交通出版社股份有限公司, 2023.8

ISBN 978-7-114-18901-2

Ⅰ. ①道… Ⅱ. ①陈… Ⅲ. ①公路运输—交通运输事故—事故处理 Ⅳ. ① U491.31

中国国家版本馆 CIP 数据核字（2023）第 142158 号

Daolu Jiaotong Shigu Yingji Chuzhi Shiwu

书　　名：	道路交通事故应急处置实务
著 作 者：	陈晓安
责任编辑：	董　倩
责任校对：	孙国靖　宋佳时
责任印制：	刘高彤
出版发行：	人民交通出版社股份有限公司
地　　址：	（100011）北京市朝阳区安定门外外馆斜街3号
网　　址：	http://www.ccpcl.com.cn
销售电话：	（010）59757973
总 经 销：	人民交通出版社股份有限公司发行部
经　　销：	各地新华书店
印　　刷：	北京印匠彩色印刷有限公司
开　　本：	889×1194　1/32
印　　张：	1.875
字　　数：	39千
版　　次：	2023年8月　第1版
印　　次：	2023年8月　第1次印刷
书　　号：	ISBN 978-7-114-18901-2
定　　价：	20.00元

（有印刷、装订质量问题的图书，由本公司负责调换）

前言

  道路交通事故应急处置包括事故发生前的临危操作措施和事故发生后的应急处置行动,其目的是避免出现最坏结果,减轻事故后果。

  道路交通安全涉及方方面面,当事故不可避免时,需要从业人员具有良好的临危处置能力。临危处置得当往往可以化险为夷,而应急处置不当也可能使小事故演变成惊天大祸,这方面的教训十分深刻。

  本书作者深知道路交通事故应急处置的要点所在,通过编写本书,回答了道路交通事故应急处置"怎么做"的问题,相信读者通过本书能够有所收获,也希望读者提出宝贵意见。

作 者

2023 年 5 月

目　录

第一章　道路交通事故应急处置要点 …… 1
　一、驾驶员应急处置要点 …………… 1
　二、道路运输企业应急处置要点 …… 1
　三、交通运输主管部门应急处置要点 …… 2

第二章　道路交通事故应急处置措施 …… 4
　一、驾驶员现场应急处置措施 ……… 4
　二、道路运输企业应急处置措施 …… 9
　三、交通运输主管部门应急处置措施 …… 10

第三章　典型事故案例应急处置分析 …… 11
　一、高速公路隧道内车辆燃烧事故 …… 11
　二、高速公路大型客车碰撞燃烧事故 …… 20
　三、高速公路连环碰撞事故 ………… 24
　四、省道客车与摩托车碰撞事故 …… 32
　五、高速公路大型客车侧翻事故 …… 36
　六、高速公路隧道内危货运输车追尾
　　　燃爆事故 …………………………… 41
　七、城乡道路渣土车交通事故 ……… 45
　八、高速公路油罐车泄漏燃爆事故 …… 47

第一章

道路交通事故应急处置要点

一 驾驶员应急处置要点

（1）道路交通系统复杂，涉及人（驾驶员、行人、乘客等）、车辆、道路条件和交通环境四大方面，其中，驾驶员的行为往往会对事故的发生及后果起到决定性作用。发生事故时，驾驶员要保持冷静，采取正确得当的处置措施，这一点对于专业驾驶员，尤其是大型客车和危货运输车驾驶员，尤为重要！要把乘客的生命安全、危险货物的安全摆在第一位，要有保"西瓜"丢"芝麻"的意识。

（2）事故发生后，在不危及自身安全的前提下，驾驶员要积极开展施救并及时报警。施救行动包括但不限于组织乘客疏散、将伤员搬离至安全地点等。施救行动既不可以掉以轻心无所作为，又不可以冲动蛮干。

二 道路运输企业应急处置要点

（1）道路运输企业在接到事故报告后，要在第一时间向企业所在地政府有关部门报告，报告的内容包括但不限于事故车辆、涉事人员、货物、事故发生地点、时间以及可能的后果等。

（2）道路运输企业要尽快与事故发生地政府有关部门建立通信渠道，积极配合相关应急处置工作。

（3）道路运输企业应尽快赶赴事故发生地，服从当地政府或者有关部门的统一调度、指挥。

三 交通运输主管部门应急处置要点

1. 接警阶段要闻风而动，不要坐等指令

各级交通运输主管部门在确认交通事故信息后，要立即启动应急处置相关准备工作，涉及车辆、人员、油物料、后勤等，达到最好的备战状态；一旦接到上级有关领导发出的指令，可快速开展应急处置行动。

2. 响应阶段要唯快不破，不要拖拖拉拉

各级交通运输主管部门要及时协调公安、应急管理等部门，指挥交通运输有关部门、单位和企业，为应急救援车辆建立绿色通道，包括但不限于沿途交通管制、临时禁止其他车辆通行、交通执法车辆引路等。应急资源单位和道路运输企业要做到"兵马要动，粮草不能先行"，不能以经济利益拒绝出动救援力量，要以最快的速度抵达事故现场，不要走马观花。

3. 现场阶段要深入虎穴，不要走马观花

应急救援人员要全面了解交通事故现场情况，包括事故车辆、涉事人员、货物、道路、交通、污染、已有救援力量等情况，不随意接受媒体采访、发表"高见"。

4. 研究阶段要抓住重点，不要人云亦云

现场处置有两个重点，一是遇险车辆的处置方案，二是事故现场的交通管制，防止二次伤害。在研究应急处置方案时，应急救援人员要从复杂状况中发现关键要素，提出问题的解决办法；

要敢于表达观点，善于坚持观点，虚心接受其他专家意见。

5. 决策阶段要丢卒保帅，不要轻重颠倒

交通事故应急现场往往面临诸多主体关系，如车辆与道路桥梁、车辆与货物等，应急救援人员要客观评估事故的现实危害和潜在危害；要尽快明确谁是"卒"，谁是"帅"，敢于丢卒保帅。处置措施要尽量简单易操作，得当有效。

6. 处置阶段要科学施救，不要轻敌蛮干

（1）要坚持"先人后物、救人为主、减免损失"的原则，以人为本，救人优先。切实把保护驾乘人员生命安全放在第一位，最大限度消除威胁人身安全的各类因素，减少事故损失。要科学施救，严密防护，善于博弈，讲究成本。要严格控制事态，预防二次伤害，摒弃"无所谓，不作为"的思维习惯。

（2）要保持"心态冷静、头脑清醒、反应迅速、处理果断"的状态，根据实际情况迅速作出判断，及时采取正确处理措施，克服"惊慌失措、犹豫不决"等不利心态，避免错失处置时机，防止发生二次事故。

（3）要避免最坏的结局。应急处置是对已经发生的险情或事故进行处置，要在最短的时间内中止损害。因此，要摒弃"不惜一切代价"的救援理念，要谨慎使用"进攻型"救援战术，要科学使用"不作为"救援战术。

（4）交通事故现场往往具有应急救援车辆多、车辆类型不一、车辆动力各异，应急救援人员来自不同单位、环境复杂等特点，因此，救援现场要明确一名有经验的指挥员，杜绝各自为战的局面，统一指挥，集中救援。

第二章

道路交通事故应急处置措施

一 驾驶员现场应急处置措施

1. 基本要求

（1）交通运输的流动性，导致事故发生地往往与运输企业相距较远。事故发生后，驾驶员应在第一时间向事故发生地公安部门（110）报警，报警内容至少包括：事故发生的时间和地点、企业名称、车辆号牌、乘客情况、货物情况、事故类别、损害情况、救助要求等；还要向所属企业报告事故，寻求应急支持。

（2）驾驶员在不危及自身安全的前提下，要采取一切措施先救人。

（3）客车发生事故后，驾驶员要组织疏散乘客，如在高速公路上，要及时将乘客疏散到路肩外。驾驶员不得在乘客之前离开车辆。

（4）危货运输车发生事故后，驾驶员要冷静思考，不能莽撞行事，切莫不懂装懂，杜绝乱作为、随意作为。

2. 发生自燃

车辆发生自燃时，驾驶员要保持头脑清醒，根据"先人后车"的原则，首先确保人员顺利逃生，然后尽量采取措施减少车辆及周围物品损失。

（1）立即选择安全区域停车，尽量避开加油站、住宅区、学校、高压电线、易燃物等人员密集或易扩大事故后果的区域、物品。关闭点火开关、燃气开关。

（2）在车辆后方摆放三角警告牌：高速公路停车应在车辆后方150m外放置，其他道路停车应在车辆后方50m至100m处放置，夜间还应适当扩大放置距离。

（3）迅速确认起火原因和火势，若在自燃初期，尽快使用灭火器对燃烧部位降温灭火，控制火势蔓延。若发动机舱内起火，尽量避免快速打开发动机舱盖，以防止空气快速流动，引发火势增大；可选择从车身通气孔、散热器或车底侧，对起火部位实施灭火。

（4）灭火时，要站在上风向位置，将灭火器对准火焰根部喷射，由远及近，左右扫射，快速推进。可用路边的湿沙、湿土掩盖灭火。若着火车辆位于长大隧道内，且无法驶出，可使用隧道内侧壁配置的灭火器、消火栓、固定式水成膜灭火装置等消防设施灭火。

（5）若自燃车辆为客车，要打开车门组织乘客有序撤离。若车门无法打开，要指导乘客从应急门、应急窗、安全顶窗或车辆侧窗（用应急锤等尖锐器械击破）逃生。要将乘客疏散到上风向100m以外的路侧或护栏外侧的安全区域。在疏散乘客时，要沿逆风方向躲避。当火焰逼近自己时，要注意保护裸露的皮肤，不要张嘴呼吸或高声呼喊，以防烟火灼伤上呼吸道。

（6）若自燃车辆为危货运输车，驾驶员、押运员要携带通信工具、安全卡、灭火器、防毒面具（罩）等应急用品下车。逃生时做好防护措施，防止吸入烟雾等损伤呼吸道。若危险化学品起火,应等待专业应急消防力量处置。

3. 车辆爆胎

车辆爆胎主要是由轮胎老旧、异物穿刺、轮胎残损、车辆超载、超速行驶以及胎压过高或过低等情况导致。车辆转向轮发生爆胎极易引发车辆失控,进而发生碰撞、侧翻等事故。

(1)若转向轮发生爆胎,驾驶员要立即握稳转向盘,尽量控制车辆保持直线行驶;迅速松开加速踏板,采用"轻踩长磨"的减速方式,逐渐降低车速;选择安全地点靠边停车,打开危险报警闪光灯,在来车方向同车道按规定摆放三角警告牌,更换备胎。高速行驶时严禁紧急制动。

(2)若后轮发生爆胎,驾驶员要立即握稳转向盘,保持行车路线,间歇轻踩制动踏板,就近选择安全区域停车。

(3)若车辆已偏离正常行驶方向,驾驶员可适当修正行驶方向,但严禁急转转向盘,防止车辆失控。车速明显降低后,可间歇轻踩制动踏板,就近选择安全区域停车。

4. 车辆侧翻

在行驶过程中,遇前车突然变道、减速、遗撒货物、掉落零部件或车道内有障碍物等,车辆易因躲避不及撞击损毁或过度操作失稳侧翻。

(1)握稳转向盘,立即制动减速,尽量降低碰撞瞬间的能量,同时迅速观察车辆前方和两侧的交通状况。

(2)车速明显降低时,转动转向盘绕过障碍物,或操控车辆向道路情况简单或障碍物较少的一侧避让。转动转向盘的幅度不要过大,转动速度不要过快。

(3)若紧急制动后不具备转向躲避条件,无法避免撞击障碍物,可用车辆正前方中间位置撞击,最大程度防止车辆因撞击造成旋转失控侧翻。

（4）车速较高时，大型客车或危货运输车禁止采取紧急转向避让措施。

5. 车辆碰撞

在行驶过程中，驾驶员的超速、过度疲劳等违法违规驾驶行为，或路面湿滑、视线不良、车辆制动失效等，极易导致车辆发生碰撞事故。车辆碰撞可分为正面碰撞、追尾碰撞和侧面碰撞等。

（1）车辆即将发生正面碰撞或追尾碰撞时，若碰撞不可避免，且撞击方向在驾驶员一侧，在相撞瞬间，驾驶员要迅速抬起双腿，双手离开转向盘，身体向右侧卧，以避免身体被转向盘挤压受伤；客车发生碰撞时，要提醒乘客抓紧座椅，身体靠紧椅背，防止因碰撞反弹力受伤。

（2）车辆发生侧面碰撞时，驾驶员要握紧转向盘，手臂稍微弯曲，以免肘关节脱位；身体向后倾斜，背部紧靠座椅靠背，同时双腿向前挺直，抵紧驾驶室底板，使身体固定在车内。

（3）客车发生碰撞后，驾驶员要第一时间打开车门，组织人员疏散逃生。若因车门变形、物品堵塞等车门无法打开，可从应急门、应急窗或安全顶窗等，组织乘客逃生。在夜间的高速公路发生事故时，人员只能翻越波形护栏，不可翻越大型桥梁的混凝土护栏，避免二次伤害。

6. 车辆侧滑

由于湿滑路面如冰雪雨水混合桥面的附着系数降低，车辆在湿滑路面行驶的制动及转向稳定性下降，易引发轮胎打滑、车辆侧滑等情况，从而导致连环追尾事故的发生。

（1）严格执行《中华人民共和国道路交通安全法实施条例》

第八十一条的规定，控制车速，保持安全车距，禁止超速行驶。

（2）发生车辆侧滑时，应迅速向侧滑方向小幅转动转向盘，并及时回转转向盘进行调整。若车辆配有防抱死制动装置，要立即踩踏制动踏板至底部。若车辆未配有防抱死制动装置，可间歇采取行车制动措施。行车过程中，如遇湿滑路面，严禁同时使用制动与转向，降低侧滑概率。

7. 车辆落水

车辆落水后，驾驶员要保持头脑清醒，按照"开门、砸窗、疏散、逃生"等程序，进行应急处置。

（1）车辆落水瞬间，切勿急于解开安全带，防止落水时的冲击力造成人员受伤，不要试图关闭车窗阻挡车内进水或拨打急救电话，以免错失逃生时机。

（2）车辆刚落水尚未完全下沉时，要尽快解开安全带，第一时间开启车门或车窗，组织车内人员逃生。当外部水压较大难以开启车门或车窗时，驾驶员要迅速使用应急锤等尖锐器械砸开车窗等；也可将座椅头枕拔下，用尖锐的插头敲击侧面玻璃，或把座椅金属插头插入侧窗玻璃缝隙中，敲碎玻璃。

（3）车辆完全下沉时，要采取一切可能措施，打开车门或打碎车窗玻璃，尽最大可能组织车内人员逃生。

8. 车辆制动失效

在山区道路等连续下坡路段行驶时，如利用车辆行车制动器频繁制动，易出现工作不良或因热衰退出现制动失效现象，特别是大型客车和重型货车，须特别注意。

（1）立即开启危险报警闪光灯，握稳转向盘，松抬加速踏板，抢挂低速挡减速。配备有发动机排气制动、缓速器等辅助制动装置的车辆，应同时开启辅助制动装置。

（2）告知车内人员扶稳坐好，充分利用紧急避险车道、坡道或路侧障碍物（如路侧护栏等）减速停车。在不得已的情况下，可利用车厢靠向路旁的岩石、护栏、树林剐蹭，甚至将前保险杠斜向撞击山坡，迫使车辆停住，以减小损失。

（3）停车后，在来车方向同车道摆放三角警告牌，在车轮下放置垫木或石块，防止车辆溜滑；及时查明原因，视情请求援助。原因未查明时，不应冒险继续驾驶。

9. 危险化学品泄漏

在危险货物运输过程中，各种主观、客观因素可能导致车辆发生碰撞、侧翻等事故，易引起危险化学品泄漏险情。

（1）立即选择安全区域停车，关闭点火开关、燃气开关。避免使用火源，禁止吸烟、打开电子设备等可能产生火花的动作。发生危险化学品泄漏时，不宜轻易移动车辆。

（2）在车辆后方适当位置摆放三角警告牌。

（3）不要贸然靠近或碰触泄漏的危险化学品，不要站在下风口，以免吸入废气、烟雾、粉剂和蒸气。

（4）在确保自身安全的前提下，使用随车应急工具阻止危险化学品渗漏到水生环境（如池塘、沼泽、沟渠、饮用水源等）或下水道系统中。

（5）因发生追尾事故引起货物泄漏时，不要强行将两车分离。

二 道路运输企业应急处置措施

（1）积极配合事故发生地政府有关部门开展应急处置工作。

（2）组织相关人员尽快赶赴事故发生地。

（3）向救援单位提供驾乘人员、货物的相关资料。

（4）尽最大可能调集资金，为妥善处理提供保障。

三 交通运输主管部门应急处置措施

（1）接到事故报告后，要及时启动应急预案，向上级交通运输部门、本级人民政府报告事故信息；与现场建立联系，随时报告更新信息。

（2）立即赶赴现场，组织现场人员疏散、货物转移；协助公安、应急管理等部门维持现场交通秩序。

（3）及时提供驾乘人员及货物信息、组织疏散人员车辆和转载货物车辆的调度，提供所运危险货物的相关资料，组织具有事故应急处置能力的企业及时赶赴现场。

（4）要求高速公路运营公司及时启动应急预案，利用广播、可变情报信息板、互联网等渠道发布事故信息，对于阻塞道路通行的事故，制订绕行方案并组织实施。

（5）整合各方资源为救援力量尽快到达现场建立绿色通道。

（6）组织现场各部门的专家研究应急处置方案，严防二次事故的发生。

（7）协助政府有关部门做好宣传、后勤、事故调查、善后工作。

第三章

典型事故案例应急处置分析

一 高速公路隧道内车辆燃烧事故

某日凌晨1时54分许,沪昆高速公路雪峰山隧道内发生一起半挂汽车列车燃烧事故,共造成2人死亡、31辆车及所载货物烧毁,隧道设施受损,直接经济损失3700余万元。

(一)事故基本情况

1. 驾驶员

驾驶员杨某、何某,驾驶证、道路运输从业人员从业资格证均合法有效。

两人均未办理驾驶员身份识别卡,也未按规定参加安全教育培训和应急演练。

2. 事故车辆

事故车辆为半挂汽车列车,挂靠在某运输公司从事货物运输经营;未按《道路运输车辆技术管理规定》建立车辆维护制度、车辆技术档案;未进行二级维护,未按说明书定期维护;卫星定位系统车载终端未保持在线,且车载终端与车牌号不匹配。

事发时,事故车辆装载有电动自行车。

3. 事故路段（隧道）

事故路段位于沪昆高速公路1363km至1376km+558m，共13.5km。该路段有炉坪（632m）、拱坝（1170m）、畔上（324m）、雪峰山（6956m）等4座隧道。隧道设有警告、消防设备、疏散、人行横洞、车行横洞、紧急停车带等标志，两侧顶部安装有照明设备，24h照明。

雪峰山隧道为左右双向分离式，全长6956m。隧道按照相关技术标准、规范设计，自2004年4月开工建设，于2007年11月建成通车。隧道设有人行横洞18个（间距200~350m）、车行横洞8处（间距720~850m），燃烧车辆停车前方有1个人行横洞，其余人行横洞、车行横洞分布在后方。

隧道配置火灾报警综合盘278套（左、右洞各139套），盘内含双波长火焰探测器、声光报警器、手动报警按钮。消防柜277套（右洞138套，左洞139套），柜内含65mm双栓减压阀1个，配套水带和枪头各2套，水成膜泡沫灭火器1套，8kg干粉灭火器3具。两端有高、低位水池各2个，水池设计蓄水量均为300m^3。

隧道两端入口设有龙门架情报信息板、信号灯组各1个。隧道内双向设有悬挂式情报信息板、车道指示器组各10个，紧急电话和广播各34套。摄像机112台，其中隧道两端各1台云台摄像机，隧道内4个变电所各1台、6个风机房各1台、左右洞各50台。

4. 相关单位

雪峰山养护所办公地点位于雪峰山隧道右洞入口处，负责雪峰山隧道机电、消防设备的日常巡查维护；适时控制隧道通风、照明、交通信号等设备的运行，并通过设施设备及时发现隧道内异常情况，实现监控信息快速、有效传递，发布交通信息、诱导隧道交通；负责隧道内紧急电话的接听和处理，及时启动应急程序，对隧道交通进行管制；设有专门的桥隧监控室，实行24h值班制度，隧道两端入口驻有日常养护值班人员，共17人。

（二）事故经过及处置过程

1. 事故经过

事故发生当天，杨某驾驶半挂汽车列车由东往西在沪昆高速公路行驶，1时33分许，途经炉坪隧道1363km处时，挂车右侧底部有零碎火星掉落，后经拱坝隧道时，挂车右侧底部有白色烟雾冒出；1时45分许，驶入雪峰山隧道入口（1369km+969m），并在隧道内行驶4.5km后，挂车右侧尾部烟雾骤增，车辆开启危险报警闪光灯；继续行驶1.7km后，挂车右侧尾部产生明火；再行驶400m后于1时54分许，停于隧道1376km+558m右车道，明火快速引燃车上篷布及装载的电动自行车，释放大量浓烟并迅速蔓延。

经事后核实和检验鉴定，事故车辆挂车第二桥右侧轴承损坏；在起火前、后均未与其他车辆或物体发生剐蹭，排除发生道路交通事故的可能。

2. 应急处置过程

1时54分许，事故车辆停车后，两名驾驶员下车，放下半挂汽车列车左侧的支撑脚，欲车挂分离，但随后燃烧浓烟向隧道出口蔓延，两人在沿两侧检修道往隧道出口逃生的过程中倒地死亡。车旁消防柜未打开，灭火器及消火栓未见使用。同时，车辆停车附近火灾报警综合盘设备先后报警，雪峰山隧道监控室值班员发现隧道有浓烟。

1时55分许，值班员利用广播系统喊话、更改情报信息板，报告值班所长和辖区高速公路路产单位。

2时5分许，雪峰山养护所所长肖某跑到隧道东往西方向入口，用锥桶封道，随后隧道入口交通信号灯变为禁止通行信号。

2时11分许，值班员向洞口、洪江消防救援站报警。

2时24分许，隧道西往东方向入口交通信号灯变为禁止通行信号，养护所人员随即进入隧道疏散转移驾乘人员，省高速公路交通警察局怀化支队三组警力先后到达现场参与救援管制。

2时33分许，怀化、邵阳市委市政府启动预案，组织相关部门及人员赶往现场，全力开展应急救援工作。同时，省高速公路交通警察局怀化、邵阳支队对隧道两端沿线收费站进行交通管制，实行远、中、近端分流。

在各单位人员的共同努力下，事故车辆后方30辆滞留车上的65人全部迅速转移，7辆车被疏导出隧道，其他车辆被拦截在隧道外，共转移疏散257人。

省消防救援总队成立指挥部，调派怀化、邵阳、长沙、娄底、湘西、永州等6个支队共56辆消防车、238名指战员参与应急救援。

2时13分许，安江消防救援站、洞口消防救援站接到报警后，立即赶赴现场处置。

2时55分许，洞口消防救援站进入隧道内组织人员疏散和灭火救援。

9时38分许，省消防救援总队前方指挥部组织攻坚组，从左洞进入隧道，进行排烟降温灭火。

14时50分许，邵阳往怀化方向开始排烟，并破拆隧道口顶棚配合排烟，同时对隧道口植被喷水，防止山火。

18时23分许，明火被扑灭。

（三）事故原因

事故车辆在挂车第二桥右侧轴承损坏后继续行驶，以致损坏的轴承在轮毂中摩擦发热，轮毂、钢圈产生的高温传导给轮胎，加之车轮不能绕车轴中心旋转，制动蹄片与制动毂摩擦，温度快速上升；橡胶轮胎在高温后失压泄气，达到燃点时产生烟雾，后出现明火，并快速引燃车上篷布及货物，致整车烧毁，释放大量浓烟并迅速蔓延。

（四）应急处置分析

该起事故是一起由车辆机械故障导致的重大道路交通事故，其应急处置分为两个阶段。

1. 第一阶段

第一阶段是从车辆在沪昆高速公路炉坪隧道1363km处，挂车右侧底部有零碎火星掉落开始至在雪峰山隧道内停下来。该阶段应急处置的主体是车辆驾驶员。

该阶段车辆的运行情况如图3-1所示。

从沪昆高速公路炉坪隧道1363km处至雪峰山隧道入口，车辆行驶了6969m，历时约12min，驾驶员没有采取停车检查的措施。后挂车右侧底部由零星火星掉落发展为有白色的烟雾冒出，驾驶员没有发现车辆故障并采取停车检查的正确应急处置措施，没有在故障的萌芽阶段进行及时处置。

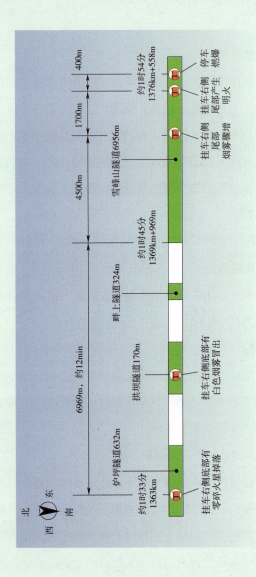

图 3-1 第一阶段车辆运行示意图

车辆驶入雪峰山隧道并在隧道内行驶4.5km后，挂车右侧尾部烟雾骤增，此时驾驶员发现烟雾，但在开启危险报警闪光灯后，仍继续行驶1.7km至挂车右侧尾部产生明火，又坚持行驶400m后才将车辆停止，放任故障引起车上物体燃烧，错失了应急处置的有利时机。

该起事故的直接原因是驾驶员在挂车第二桥右侧冒烟直至产生明火这段时间，没有停车检查，没有使用车辆配备的灭火器进行灭火，仍然冒险带病行驶。其行为违反了《中华人民共和国道路交通安全法》第二十二条规定：机动车驾驶员应当遵守道路交通安全法律、法规的规定，按照操作规范安全驾驶、文明驾驶。该起事故中，驾驶员的违法行为将简单的车辆机械故障演变成为一起重大隧道燃爆事故。

正确的应急处置措施应是在拱坝隧道内发现挂车右侧底部有白色烟雾冒出时，停车检查；在雪峰山隧道发现挂车右侧尾部烟雾骤增、产生明火时，停车并用车载灭火器对挂车右侧尾部进行灭火。

驾驶员停车后，下意识地将半挂汽车列车的左侧支撑脚放下，欲"车挂分离"，保证车头的安全。这是错误的处置措施，因为挂车着火，如不及时灭火，控制火势，就会对整个隧道及隧道内的车辆、人员造成危害。第一时间"车挂分离"就是在浪费灭火的宝贵时间。

2. 第二阶段

第二阶段是从车辆停下来燃烧至应急管理部门到达现场。该阶段应急处置的主体是隧道运营单位。

事故车辆停止行驶后发生爆燃，触发附近火灾报警综合盘设备先后报警，雪峰山隧道监控室值班员发现隧道有浓烟后，采取了及时利用广播系统喊话、更改情报信息板、报告值班所长和辖区高速公路路产单位等应急处置措施。11min后封闭隧道东入口，30min后封闭隧道西入口，这些应急处置措施是正确、及时的。

（1）立即发布信息。隧道监控室值班员第一时间利用广播提醒事故车主、后方车辆和人员赶快驶离现场；随后迅速封闭东西两头隧道洞口，并在电子情报信息板上发布隧道交通管制信息；接着通过FM90.5中国交通广播发布雪峰山隧道突发事故信息。

（2）迅速开展救援。及时报告地方政府、高速公路集团、高速公路交警等相关单位（部门），在较短时间内对雪峰山隧道实行双向交通管制，积极配合当地政府以及应急管理等部门开展救援工作。

（3）全力救助人员。迅速疏通应急救援通道，并分成人员救助组、引导撤离组、人员疏散组3个小组，派出3辆巡逻车，从滞留车辆尾端向隧道入口方向营救滞留人员。

（4）及时管控交通。按照"近端疏导、远端分流"的方式，与高速公路交警一道，迅速实行交通管控，制定发布绕行方案，未对车辆通行造成较大影响，也未发生拥堵现象。

（5）优先保障畅通。按照"先西往东方向，后东往西方向，边灭火（零星火苗）边施救，两头同时清障拖车"的方案，全力清障抢通，实现西往东方向47h开放交通、东往西方向72h打通救援通道。

3. 教训启示

（1）事故车辆在雪峰山隧道内行驶了6.2km（不包括最后起明火的400m），而雪峰山隧道内设置的火灾报警综合盘有

278套（左、右洞各139套），盘内含双波长火焰探测器（探测距离55m，隧道全长6956m，平均间隔50m设有1套），相当于事故车辆带着浓烟和火焰经过了124个双波长火焰探测器。尤其是最后400m，事故车辆带着烈焰明火行驶，居然没有被火灾报警系统识别，错过了应急处置的初始阶段，导致最后出现无法控制的局面。

（2）驾驶员没有安全意识，缺乏起码的消防安全应急知识。

①从车辆出现故障有零星火花掉落到车辆明火燃烧，历时约21min，驾驶员没有采取任何应急处置措施，冒险行驶约13.5km，放任事态发展。

②起火后驾驶员采取"车挂分离"的措施，试图将拖车和挂车分开，保全拖车，浪费了宝贵的应急处置时间。

③驾驶员对近在咫尺的消防设施视而不见，没有使用隧道内的消防设施对车辆进行灭火。

④驾驶员缺乏应急逃生知识，未按正确应急疏散路线逃生，导致被浓烟熏倒窒息死亡。

（五）应急管理建议

（1）高速公路路产单位要加强隧道火灾探测设备的管理、维护，确保设备一直处于正常状况，能够及时发现火灾隐患并报警；要落实监控值班制度，确保值班人员不缺岗、不溜岗、不心不在焉值岗。

（2）在长大隧道入口前设置以高精度热能检测技术为核心的超温检测预警系统，实时监控车身温度并及时报警、及时处理，将事故隐患拦截在隧道外。

（3）在长大隧道入口路侧增设可自行移动的智能锥桶，当隧道内出现异常状况需要紧急拦截隧道外车辆时，可远程触发，自行移动到需要阻断交通的车道（配合信息发布系统）。智能锥桶采用柔性、可溃材料，一旦撞击不会对车辆造成损伤。

（4）道路运输企业要切实落实安全生产主体责任，提高驾驶员的安全生产意识，消除驾驶员侥幸冒险心理，有针对性地开展消防演练，解决驾驶员应急处置思路错误、"动手"能力不足的问题；要把隧道指示标志、隧道消防设施使用方法、逃生自救方式纳入驾驶员安全培训计划，向驾驶员普及隧道行车安全知识。

（5）有关部门应将隧道内的消防设施使用方法、逃生方法纳入道路运输驾驶员从业资格培训考试中。

高速公路大型客车碰撞燃烧事故

某日，湖南省郴州市宜凤高速公路宜章段发生一起大型客车碰撞燃烧起火引发的特别重大道路交通事故，共造成35人死亡、13人受伤，车辆烧毁，高速公路路面及护栏受损，直接经济损失2290余万元。

（一）事故基本情况

1. 驾驶员和乘员

驾驶员刘某，驾驶证、道路运输从业人员从业资格证均合法有效。

事故发生时，事故车辆实载57人（核载55人，超员2人），其中包括驾驶员1人、旅游团领队1人和游客55人。

2. 事故车辆

事故车辆为大型客车，登记所有人为某旅游客运公司，道路运输证合法有效，经营范围为市际旅游包车。

3. 事故路段

事故路段位于宜凤高速公路33km+856m至34km+106m处，道路为双向四车道，两侧设有应急车道，行车道宽3.75m，应急车道宽3.25m。事故路段的技术指标、安全防护设施、标志标线均符合国家相关标准的要求。

4. 天气

经查，事故发生时事发路段所在地最高气温30.9℃，最低气温25.9℃，平均气温28.9℃，天气晴朗，无降水、雷电天气，能见度良好。

（二）事故经过及处置过程

1. 事故经过

事故发生当天10时19分许，驾驶员刘某驾驶大型客车行驶至湖南省郴州市宜凤高速公路宜章段33km+856m处时失控，先后与道路中央护栏发生一次剐蹭和三次碰撞（图3-2）。

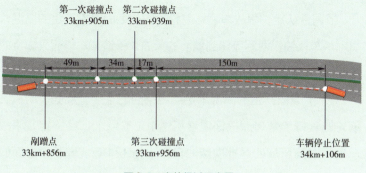

图 3-2　事故经过示意图

在东溪大桥行驶过程中，驾驶员采取了制动措施，车辆逐渐减速并向右前方变线，在车辆右前角接近东溪大桥路侧混凝土护栏时停止，后起火燃烧，由于车上人员未能及时疏散逃生，造成了重大人员伤亡。

2. 应急处置过程

事故车辆停止后，驾驶员刘某尝试打开车门但未成功，随即从左侧驾驶员窗口逃出。在此过程中，坐在副驾驶位置的旅游团领队黄某用灭火器砸向前风窗玻璃，欲破窗逃生但未成功，后从驾驶员窗口逃出。前排座位乘客拥挤至驾驶员位置，争抢着从驾驶员窗口逃生，先后共有15人（含驾驶员刘某和旅游团领队黄某）逃出。此时，途经事故路段附近的一辆公路养护车和一辆运钞车先后赶来救援，救援人员将事故车辆右后部两块车窗玻璃打破，先后救出7人。

（三）事故原因

1. 车辆剐蹭碰撞原因

经调查认定，驾驶员刘某严重疲劳驾驶是导致车辆发生剐蹭碰撞的主要原因。

2. 车辆起火燃烧原因

经调查认定，事故车辆右前轮轮毂与地面摩擦产生的高温，引燃从车辆油箱泄漏流淌到地面的柴油，是造成车辆起火燃烧的主要原因。

（1）摩擦产生的高温满足点燃柴油的条件。实验表明，右前轮轮毂螺栓螺母摩擦面温度可达400℃以上。经鉴定，事故车辆事发前所加的同批次柴油自燃点为221℃，低于摩擦面的温度。

（2）油箱破裂漏油使柴油与右前轮轮毂充分接触。三次碰撞过程中，左侧油箱受挤压变形破裂，左右油箱之间的连接管脱落，柴油持续泄漏。当事故车辆最终停止后，路面上泄漏的柴油遇到因摩擦产生高温的右前轮后起火，柴油燃烧的流淌火逐渐向车辆周围扩散，引燃了车辆的可燃物，致使火势蔓延扩大。

3. 乘客不能及时疏散原因

（1）车门受路侧护栏阻挡无法打开。经检测，事故车辆车门技术状况良好，在事故中已经开启并处于外摆状态，正常打开时最大外摆距离为35cm。但是，由于车辆最终停止时右前角紧挨路侧混凝土护栏，车门在外摆6cm后即被护栏顶住，展开受阻，无法有效打开。

（2）安全锤放置不符合规定，影响乘客破窗逃生。经对事故车辆内遗留物进行清理，共发现5把安全锤，其中有4把被放置在驾驶员座位左下侧储物箱内，放置位置不符合《机动车运行安全技术条件》（GB 7258）的要求（在车内明显部位装备击碎玻璃的手锤），影响乘客破窗逃生。

（四）应急处置分析

1. 驾驶员安全意识极差

驾驶员刘某连续高强度工作，但工作之余没有合理安排休息时间，甚至与游客一起参加旅游活动，致使身体过度疲劳，严重影响了安全驾驶。

2. 驾驶员不具备应急处置能力

事故车辆虽然配备了安全锤，但未按规定要求放在车厢内显著位置，而是集中存放在驾驶员旁边；发生车辆起火的险情后，驾驶员首先跳窗逃生,没有组织车内人员紧急疏散。

存在这些问题的深层次原因是运输企业对客车驾驶员的安全培训缺乏针对性,应急演练流于形式。事故车辆自停下来至起火燃烧,期间有15人从驾驶员窗口逃出,如每人需要20s,足有5min时间,也就是说,驾驶员有充足的时间打开车顶逃生窗口,分发安全锤,有效组织乘客逃生。

(五)应急处置建议

(1)车辆失控后,驾驶员要尽量避免车门被车外的物体、护栏堵死。

(2)运输企业要加强对大型客车驾驶员的职业素质教育,要求其始终把乘客的生命安全摆在第一位,任何时候都必须最后离开车辆。

(3)运输企业要对驾驶员开展应急演练,使其通过无数次的实战演练,形成正确应急处置的肌肉记忆,提高应急处置能力。

三 高速公路连环碰撞事故

某冬日4时26分至4时39分,长张高速公路常德市鼎城区善卷垸大桥路段先后连续发生4起连环相撞的道路交通事故,共造成16人死亡、46人受伤,5辆轿车和3辆大型客车受损,直接经济损失900余万元。

(一)事故基本情况

1. 驾驶员

5辆轿车和3辆大型客车的驾驶员均持有有效的驾驶证。

2. 事故车辆

涉事的5辆轿车和3辆大型客车均持有有效的行驶证件和相关的营运证。

3. 事故路段

事故路段位于长张高速公路常德市善卷垸大桥路段（156km+980m），大桥全长1910m，桥高1630cm。桥面为双向四车道，沥青路面，平直无障碍，处于雨雪累积成冰的过渡态势，湿滑。

东往西方向150km+270m处道路右侧设置有"小客车限速120km/h，其他车限速100km/h"禁令标志，151km+200m处道路右侧设置有"保持车距"警告标志，156km+525m处道路右侧设置有"雨雾冰雪、谨慎驾驶"警告标志，156km+600m处道路右侧设置有"善卷垸大桥长度1910m"提示标志。

4. 天气

根据事故调查技术分析结果，事故发生当天零时至2时，事故路段气温逐渐降至0℃左右，仅有零星雨雪，桥面难以形成积水，不具备结冰的基本条件。

2时开始，气温降至0℃以下，至4时25分之前，事故桥面天气以阴天为主，无明显降雨（雪），桥面结冰可能性很小。

4时26分至4时43分，事故路段逐渐转小雪，根据监测数据分析总量不足0.1mm。附近气温在-0.3～-0.2℃，桥面温度处于0℃接近值。因雨雪总量不足，该时段桥面结冰的可能性较小，但已处于雨雪累积成冰的过渡态势，桥面湿滑度逐渐增加。

（二）事故经过

事故发生当天4时26分许，天气雨转雨夹雪，路面湿滑，能见度极低。轿车1的驾驶员驾驶车辆由东往西行驶至大桥桥面时，因操作不当，致使车辆与道路中央护栏相撞后，斜停在道路左侧的超车道上，造成车辆受损。随后，轿车2的驾驶员驾驶车辆驶入上述路段，发现前面情况后，操作不当，致车辆与道路护栏剐蹭，停在道路右侧的应急车道上，造成车辆受损。事故发生后，两车的驾乘人员均离开了车辆，但均未按规定设置警告标志。

4时28分许，大型客车1的驾驶员驾驶车辆以88km/h的速度行驶至大桥时，由于在雨雪天气情况下车速过快，发现前方道路路障后采取措施不及，致大型客车与前方的轿车1和轿车2相撞，造成4人死亡，8人受伤，3车受损。之后，轿车3的驾驶员驾驶车辆行驶至此，追尾大型客车1，造成车辆受损。

4时34分许，在前车未设置警告标志、未将乘客转移至安全地带的情况下，大型客车2的驾驶员驾驶车辆以83km/h的速度行驶至上述路段，与大型客车1相撞，导致大型客车1上的驾乘人员7人和大型客车2上的乘客1人，共8人死亡，22人受伤，车辆受损。之后，轿车4追尾大型客车2，轿车5追尾轿车4，造成车辆受损。

4时39分许，在前车未设置警告标志、未将乘客转移至安全地带的情况下，大型客车3的驾驶员驾驶车辆以90km/h以上的速度行驶至上述路段，先后与轿车5、轿车4追尾碰撞，并挤压轿车4碰撞大型客车2的尾部，造成2人死亡，15人受伤，车辆和公路设施受损。事故示意图如图3-3所示。

事故发生后，大型客车3上的2名乘客下车逃生，翻越桥梁中央隔离带护栏时意外坠桥死亡。

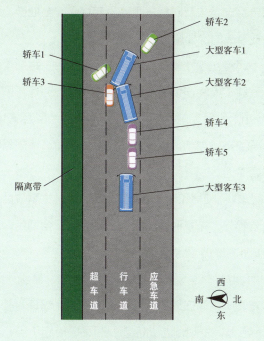

图 3-3 事故经过示意图

（三）事故原因

（1）轿车1驾驶员、轿车2驾驶员在夜间雨转雨夹雪、路面湿滑的情况下，采取措施不当，导致车辆分别与道路左右两侧桥墩剐蹭受损，并停滞于高速公路超车道和应急车道上，违规操作是造成事故的主要原因。

（2）大型客车1驾驶员在夜间雨转雨夹雪、路面湿滑的情况下，疲劳驾驶（夜间连续驾驶时间超过5h）、超速行驶（行驶速度为88km/h），发现前方道路路障后采取措施不当，导致车辆与前面停滞的轿车1、轿车2分别发生碰撞，违规驾驶是造成事故的主要原因。

轿车1驾驶员和轿车2驾驶员在车辆发生交通事故后，未按规定设置警告标志，未及时将车上人员转移到安全地带，应急处置不当是造成事故的次要原因。

（3）大型客车2驾驶员在夜间雨转雨夹雪、路面湿滑的情况下，疲劳驾驶（夜间连续驾驶时间超过5h）、超速行驶（行驶速度为83km/h），发现前方横停在道路中间的大型客车1后采取措施不当，导致车辆与前面停滞的车辆发生碰撞，违规驾驶是造成事故的主要原因。

大型客车1驾驶员和轿车3驾驶员在车辆发生事故后，未按规定设置警告标志，未及时将车上人员转移到安全地带，应急处置不当是造成事故的次要原因。

（4）大型客车3驾驶员在夜间雨雪天气、路面湿滑的情况下，疲劳驾驶（夜间连续驾驶时间超过2h）、超速行驶（行驶速度为90km/h），发现前方路面情况后采取措施不当，导致车辆与前面停滞的车辆发生碰撞，违规驾驶是造成事故的主要原因。

（5）大型客车2驾驶员、轿车4驾驶员和轿车5驾驶员在发生交通事故后，未按规定设置警告标志，未及时将车上人员转移到安全地带，应急处置不当是造成事故的次要原因。

事故发生后，乘客下车逃生翻越桥梁中央隔离带护栏时坠落桥下，属于意外事故。

（四）应急处置分析

（1）该起事故中所有的驾驶员均缺乏基本的安全意识，在事故发生后无所顾忌地在高速公路逗留，未在来车方向放置警告标志。

《中华人民共和国道路交通安全法》第六十八条规定，机动车在高速公路上发生故障时，应当依照本法第五十二条的有关规定办理。警告标志应当设置在故障车来车方向150m以外,车上人员应当迅速转移到右侧路肩上或者应急车道内,并且迅速报警。

《中华人民共和国道路交通安全法实施条例》第六十条规定,机动车在道路上发生故障或者发生交通事故,妨碍交通又难以移动的,应当按照规定开启危险报警闪光灯,并在车后50m至100m处设置警告标志,夜间还应当同时开启示廓灯和后位灯。

驾驶员和乘客无视法律规定,逗留在事故车内和现场,把自己和别人的生命视作儿戏,任由生命在不断的撞击下逝去。

(2)在连环碰撞的8辆车中,有3辆大型客车的速度超过了80km/h。在能见度很低的恶劣天气条件下,在高速公路上超速行驶,就是把自己和乘客的生命置于极度危险的境地。

《中华人民共和国道路交通安全法实施条例》第八十一条规定,机动车在高速公路上行驶,遇有雾、雨、雪、沙尘、冰雹等低能见度气象条件时,应当遵守下列规定:

①能见度小于200m时,开启雾灯、近光灯、示廓灯和前后位灯,车速不得超过60km/h,与同车道前车保持100m以上的距离;

②能见度小于100m时,开启雾灯、近光灯、示廓灯、前后位灯和危险报警闪光灯,车速不得超过40km/h,与同车道前车保持50m以上的距离;

③能见度小于50m时,开启雾灯、近光灯、示廓灯、前后位灯和危险报警闪光灯,车速不得超过20km/h,并从最近的出口尽快驶离高速公路。

根据上述规定,事故发生时的能见度在100m左右,安全车速应该控制在40km/h,涉事驾驶员行驶速度超过80km/h,超速百分之百以上,无异于自杀行为。

（3）在冬季以及昼夜温差较大的高寒区域，高速公路上同一路段的地表温度也存在差异，特别是高架桥，由于桥下是空的，不能保温，稍有露水或轻雾，桥面就会结冰，而桥面两端则不会发生这种情况。同时，结冰的桥面与桥面两端从颜色上很难区别，具有隐蔽性强、危险性大、极易引发事故的特征，驾驶员如对此没有清晰的认识，极易"中招"。

该起事故中的高架桥是正东正西走向，桥高16.3m，北风呼啸穿桥而过，桥面极易结冰，但桥面两端还未结冰，第一起事故应该就是车辆"中招"，而一旦"中招"，就无所谓"操作不当"与"当"的问题，必然发生事故。

类似案例

2015年1月16日17时53分许，荣乌高速公路山东莱州饮马池大桥发生一起4车连环碰撞事故，事故中一辆油罐车发生汽油泄漏引起爆炸，导致12人死亡。事故发生前有小雪，桥面有些湿滑结冰，天色变暗（图3-4）。先是一辆面包车驶上桥面后"中招"，侧滑失控，随后一辆油罐车、一辆大型客车相继发生碰撞。油罐车发生泄漏，而就在油罐车押运员下车关闭紧急切断阀时，一辆越野车撞上来，引发泄漏的汽油爆燃。

图3-4 荣乌高速公路发生事故的路面积雪

2020年12月29日凌晨，在包茂高速公路湘西土家族苗族自治州段凤凰枢纽附近以北高架桥上，即凤凰县往吉首市方向，发生连环交通事故并导致车辆起火，共造成9人遇难（图3-5、图3-6）。事故发生当天气温最高7℃，最低0℃，高架桥路面温度在0℃以下，处于雨雪结冰的过渡状态。

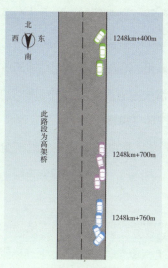 

图 3-5　包茂高速公路事故示意图　　图 3-6　包茂高速公路事故现场图

2021年1月18日，长常高速公路发生5起连环碰撞事故，事故发生时，正是小雨夹雪，路面处于雨雪结冰的过渡状态（图3-7）。

图 3-7　长常高速公路事故现场图

所以，驾驶员在冬季以及昼夜温差大、雨雪交替、刚下雪或刚停止下雪的情况下，不管是在高速公路还是在普通公路，驶上桥面之前要有意识地减速，以防"中招"。

（五）应急处置建议

（1）该起事故及3起类似案例存在共性问题：均发生在高速公路桥面，且当冬季气温降至0℃左右时，路面尚未结成冰，处于湿滑状态，但是桥面因为温度较低，已处于积水向结冰的过渡状态，车辆通过时，极易发生打滑失控进而导致桥面堵塞问题，而后车因无法及时避开，易导致连环碰撞事故。

（2）驾驶员应严格执行《中华人民共和国道路交通安全法实施条例》第八十一条有关规定，控制车速，保持安全车距，禁止超速行驶。

（3）高速公路运营单位要把高架桥桥面处于雨雪结冰的过渡状态，作为高速公路在冬季恶劣气象条件下防止发生连环碰撞事故的关键点，应急处置要围绕这个状态展开。目前，我国高速公路的恶劣气象应急预案大多是围绕大雪、结冰的气象条件展开的，忽略了"高速公路高架桥处于雨雪结冰过渡状态的危害"。一旦出现"高速公路高架桥处于雨雪结冰过渡状态"，应该启动应急预案，对高架桥实施撒盐作业，通过电子情信息报板、广播提醒广大驾驶员降低车速，谨慎驾驶。

四 省道客车与摩托车碰撞事故

某日7时23分许，S308线66km+400m（湖南省岳阳县公田镇公田村梅桂山庄附近）发生一起中型客车与摩托车相撞的较大交通事故，共造成4人死亡，8人受伤。

（一）事故基本情况

1. 驾驶员

中型客车驾驶员古某，驾驶证和道路运输从业人员从业资格证均有效。两轮摩托车驾驶员龚某，驾驶证处于注销状态。经检验鉴定，两名驾驶员均无吸毒、饮酒。

2. 事故车辆

事故车辆中中型客车的使用性质为公路客运，核载19人；在检验有效期内；已按规定进行了二级维护；安装了卫星定位系统终端及行车记录仪，定位系统工作正常；技术状况符合安全要求。

事故车辆中两轮摩托车处于注册报废状态。

3. 事故路段

事故路段位于S308线湖南省岳阳县段公田镇团结水库，桩号K66+400，为三级公路，路面宽7.0m，路基宽7.5m。路面为沥青路面，道路设计速度为40km/h，路线长度约为0.8km，路线线形有S形曲线1段，圆曲线5段，曲线半径最小为100m，最大为300m，平曲线约占路线长70%。路段全线为下坡，分为三段纵坡，第一段纵坡坡度为3.7%，坡长为220m，第二段纵坡坡度为6.1%，坡长为260m，第三段纵坡坡度为2.0%，坡长为300m。事故路段道路平面线形、纵坡坡度符合《公路路线设计规范》（JTG D20—2006）的要求（图3-8）（编者注：现行标准为2017年版）。但该路段道路中央施划的单黄线大部分标线磨损严重、无法清晰辨识。事故车辆中型客车行驶方向右侧（弯道内侧）有一岔路，开口宽3.1m，岔路为泥土路面，低于沥青路面，雨天泥泞，形成水坑。

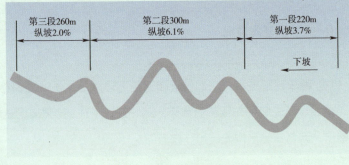

图 3-8 事故路段线路示意图

（二）事故经过及应急处置

1. 事故经过

事故发生当天 6 时 15 分许，驾驶员古某驾驶中型客车从南江车站发车前往岳阳市，车上共载 9 人。7 时 23 分许，当车辆行驶至 S308 线 66km+400m（湖南省岳阳县公田镇公田村梅桂山庄附近）处时，古某在雨天长下坡路段行驶，未采取有效制动措施降低车速，行驶速度保持在 64km/h 至 70km/h 之间，当与对向车辆会车时，先后两次向右用力转动转向盘，致使其右侧车轮驶离路面并陷入路外的泥泞水坑。

2. 应急处置

古某为使车轮重新回到路面，在 1s 内向左猛转转向盘超过 200°，导致车辆失控并滑向对向车道，与对向车道正常行驶的两轮摩托车相撞后，又撞倒防护栏冲出车道，造成 4 人死亡、8 名乘客受伤。

（三）事故原因

1. 直接原因

中型客车驾驶员在雨天长下坡路段行驶时，未采取有效制动措施降低车速，当与对向车辆会车时操作不当，先后两次向右用力转动转向盘，致使其右侧车轮驶离路面并陷入路外的泥泞水坑；为了使车轮重新回到路面，向左猛转转向盘，导致车辆失控并滑向对向车道。

2. 间接原因

两轮摩托车驾驶员在早间雨天、路面湿滑的情况下，超载驾驶（共3人）且均未佩戴安全头盔，违规加装伞具造成视距受限。

中型客车所属企业对驾驶员安全教育培训和监控管理不到位；落实安全生产主体责任不到位，督促客运站严格落实车辆"三不进站、六不出站"等各项规章制度不力，车辆动态监控存在漏洞。客车驾驶员安全意识不强，在雨天超速行驶、安全带使用不规范，且客车所载的8人均未按规定系安全带。

（四）应急处置分析

该起事故中中型客车驾驶员的应急处置分为两个阶段。

1. 复杂路段雨中行驶阶段

驾驶员不顾路段40km/h的限速规定，无视坡陡弯急的路况，更无视雨天湿滑路面的潜在危险，其行为违反了道路交通安全法规，教训极其深刻。

2. 中型客车车轮驶离路面并陷入路外阶段

当客车右侧车轮驶离路面并陷入路外的泥泞水坑时，驾驶员在1s内向左猛转转向盘超过200°，试图将车辆从泥泞水坑中脱离出来驶回道路，同时采取猛踩加速踏板的措施来配合向左猛转转向盘的操作。这种应急处置方法是非常错误的。因为即使车辆从泥泞水坑中脱离出来，也极易导致车辆失控冲过对向车道进而冲出路外，导致车毁人亡。

(五)应急处置建议

(1)降雨形成的路面积水和泥状混合物,以及冰雪凝冻形成的路面冰雪层等易导致路面湿滑。湿滑路面的附着系数降低,车辆制动及转向稳定性下降,易引发轮胎打滑、车辆侧滑等情况。因此,驾驶员在雨雪天气湿滑路面应低速行驶,在冰雪路面应提前在车轮上安装防滑链。在极端情况下,要及时靠边停车或变换到状况良好的道路行驶,防止发生事故。

(2)车辆行驶过程中,如果发生轮胎打滑、车辆侧滑,驾驶员可按照以下原则进行应急处置,使车辆迅速恢复到正常行驶状态:发生车辆侧滑时,迅速向侧滑方向小幅转动转向盘,并及时回转转向盘进行调整;若车辆配备防抱死制动装置,可立即踩踏制动踏板至底部;若车辆未配备防抱死制动装置,可间歇采取行车制动措施。行车过程中,如遇湿滑路面,严禁同时使用制动与转向,降低侧滑概率。

(3)当车轮驶离路面并陷入路外的泥泞水坑时,正确的应急处置措施是停车,检查车辆状况,引导乘客下车,在保证安全的前提下采取其他措施将车辆移出泥泞水坑。

五 高速公路大型客车侧翻事故

某日15时45分许,滨保高速公路天津市境内发生一起特别重大道路交通事故,共造成35人死亡、19人受伤,直接经济损失3447.15万元。

(一)事故基本情况

1. 驾驶员

大型客车驾驶员云某,持准驾车型为A1、A2的驾驶证,在有效期内；取得道路旅客运输从业人员从业资格证；事故发生前4个月，被多个个体车主雇佣作为大型客车替班驾驶员。

轿车驾驶员袁某，持准驾车型为C1的驾驶证，在有效期内。

经勘验，两名驾驶员无饮酒，其驾驶培训、驾驶科目考试、驾驶证发证及审验情况均正常。

2. 事故车辆

大型客车，注册登记所有人为某运输公司，具有省际包车客运（非定线旅游）运营资质，在检验有效期内。该车核定载客53人，事故发生时实载55人，超员2人。

轿车，使用性质为非营运，在检验有效期内。该车核定载客5人，事故发生时实载3人。

经检验鉴定，事故车辆的行驶证、运营资质齐全且均在有效期内，车辆制动性能无异常。其中，大型客车的车身上部结构强度、侧倾稳定性等安全性能符合国家相关标准和规范要求。

3. 事故路段

事故路段位于滨保高速公路天津市武清区境内59km+500m至61km+700m处，道路为东西走向，双向六车道，设置有Gr—A—4E型波形钢护栏。经检验鉴定，事故路段道路平纵线形及波形钢护栏的设计指标符合国家相关标准和规范要求。

事故发生时天气晴朗，路面干燥。

（二）事故经过

事故发生当天9时15分许，云某驾驶大型客车由河北省唐山市瓦官庄出发前往保定市，车上共有乘客52人。13时，车辆到达保定市，中途无人上下车。13时32分，该车在保定市搭载另外54名乘客，启程返回唐山市，中途无人上下车。

袁某驾驶轿车行驶至滨保高速公路60.7km附近时,遇云某驾驶的大型客车在右前方行驶。轿车继续以不低于120km/h的速度超越大型客车。当轿车与大型客车并行时,轿车采取减速措施,并在越过大型客车车头后两次左右调整转向盘。15时45分许,轿车以113.2km/h的速度在第一车道靠右侧行驶,大型客车以115.6km/h的速度在第二车道靠左侧行驶,大型客车左侧车轮位于第一、二车道分道线处,由于两车横向距离较近,大型客车车身左侧前部与轿车右侧后部发生剐蹭撞击。

发生撞击后,大型客车在未采取紧急制动措施的情况下向右转向,以致偏离车道并冲向道路右侧波形钢护栏。当接近右侧护栏时大型客车又急向左转向,造成向右倾覆,靠压在护栏上滑行约62m(其中,大型客车斜靠在护栏上滑行约26m,压倒、压弯护栏约36m)。在此期间,护栏波形板和护栏立柱持续冲击大型客车车身右侧,导致大型客车右前风窗玻璃立柱和车门后立柱受冲击变形,上部结构开裂。此后,护栏未被压弯部分贯穿车窗插入车内,继续冲击右侧车窗立柱,造成车窗立柱与车身骨架的焊接部位断裂,大型客车车顶右侧与车身骨架开裂。大型客车在右上部被护栏贯穿的情况下继续滑行约80m,护栏在车内对大型客车乘客形成切割和撞击,造成35人死亡、19人受伤。

至事故发生时,大型客车驾驶员连续驾驶6h31min,行驶里程超过600km,期间单次停车时间均不足20min,累计超速31次,超速行驶时间共2h51min;轿车行驶时间未超过4h,行程里程不足400km。

(三)事故原因

在大型客车驾驶员超速行驶、措施不当、疲劳驾驶3项交通违法行为的共同作用下,大型客车与轿车发生剐蹭撞击并侧翻,是事故发生的主要原因;轿车驾驶员在超越大型客车时车速控制不当,两次左右调整方向,未按照操作规范安全驾驶,也是事故发生的原因;大型客车超员载人,加重了事故后果。

(四)应急处置分析

虽然轿车在以不低于120km/h的速度超越大型客车车头以后,采取了减速措施,并两次左右调整转向盘,但是已经构成两车碰撞的紧迫危险局面,碰撞不可避免。此时,大型客车驾驶员有3个应急处置措施可以选择。

(1)大型客车驾驶员为避免与轿车发生碰撞,下意识地选择"让道",即采取向右猛转转向盘的措施,试图避开轿车(见图3-9中红色箭头)。结果其不仅与轿车发生剐蹭,而且付出了车辆侧翻、36人死亡、19人受伤的惨痛代价,其操作是"目的"上的不当,而不是"技术"上的不当。避免最坏的结果出现才是正确的"目的"。

(2)大型客车驾驶员为避免与轿车发生碰撞,采取紧急制动措施。结果其因在高速行驶状态下(行驶速度为115.6km/h)紧急制动"让速",造成了翻车和乘客重大伤亡。这也是不可取的操作。

(3)大型客车驾驶员为保障全车乘客的生命安全,冷静地采取既"不让道"也"不让速"的措施(见图3-9蓝色箭头),稳住转向盘,轻踩制动踏板,尽可能地降低车速,直接与轿车相撞。这样,即使发生两车相撞事故,大型客车发生侧翻的可能性也极小,可有效保证车上53名乘客的生命安全。

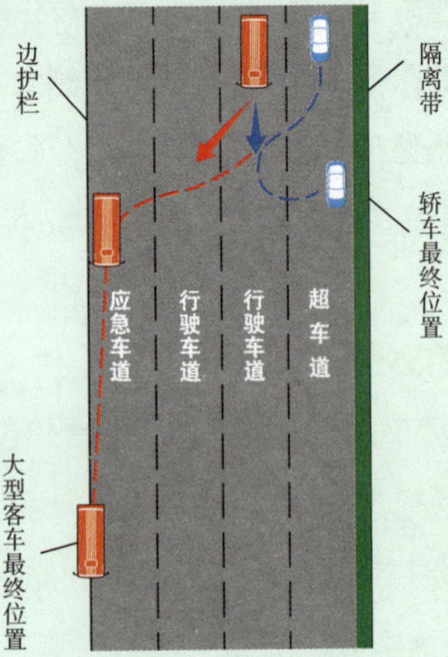

图 3-9　大型客车驾驶员应急处置措施示意图

（4）作为驾驶员，尤其是大型客车驾驶员要从该起事故中吸取教训：当碰撞已经无法避免时，一定要把全车乘客的安全摆在第一位，冷静果断地采取正确的应急处置措施，杜绝重特大事故的发生。

类似案例

2004年5月12日14时32分许，浙江某运输公司驾驶员驾驶大型客车，从杭州汽车东站出发驶往江苏昆山，车上载客32人。当车辆行驶至乍嘉苏高速公路嘉兴段7号桥时，遇前方一辆同方向行驶的桑塔纳轿车正在变更车道。大型客车驾驶员为避免与桑塔纳轿车发生碰撞，错误地采取了向右猛转转向盘，即"让道"的应急处置措施。两车相撞得以避免，桑塔纳轿车扬长而去，但大型客车失控撞上内侧隔离护栏后又向外侧护栏冲去并翻出护栏，翻下落差7.6m的互通桥，坠落在桥下的泥地上，造成23人死亡，10人受伤，其中3人重伤。

2013年3月12日16时许，湖北省恩施州某运输公司驾驶员驾驶大型卧铺客车（核载36人，实载22人，含副驾驶员），由武汉市硚口区古田客运站驶往恩施州鹤峰县走马镇客运站。19时4分许，该车行驶至二广高速公路二广向1765km+200m处大桥路段时，在桥面快速车道以约81.6km/h的速度超越某辆城市公交车后，遇一辆普通两轮摩托车在快速车道内逆向行驶。为避免与摩托车发生碰撞，大型卧铺客车错误地采取了"让道"的应急处置措施，向右猛转转向盘避让，以致右向斜穿大桥并撞毁桥梁防护栏，坠入高度为15.45m的桥下，掉落在长江大堤护坡上，造成大型卧铺客车驾驶员及乘客共14人当场死亡，摩托车驾驶员及大型卧铺客车乘客共9人受伤，大桥设施受损，大型卧铺客车报废的重大道路交通事故。

（五）应急处置建议

（1）科学地认识道路交通事故。当事故已经不可避免时，要冷静地采取"避重就轻"的措施，从而杜绝重特大事故的发生。

（2）要加强对驾驶员的临危处置思维和能力培训，提高应变能力，使其在复杂的交通活动中坚守"守法冷静"的底线。日常安全教育要"居安思危"，要有"情景化"思维，要在驾驶员中开展"假如我遇到这种情况应该怎么处置"的讨论，在讨论中提高应急处置意识。

六 高速公路隧道内危货运输车追尾燃爆事故

某日14时45分许，晋济高速公路山西晋城段岩后隧道内，两辆运输甲醇的铰接列车追尾相撞，前车甲醇泄漏起火燃烧，隧道内滞留的另外两辆危货运输车和31辆煤炭运输车等车辆被引燃引爆，共造成40人死亡、12人受伤和42辆车烧毁，直接经济损失8197万元。

（一）事故基本情况

1. 驾驶员

两辆铰接列车（前车和后车）驾驶员、押运员，均持有有效的驾驶证和从业资格证。

2. 事故车辆

前车由半挂牵引车和罐式半挂车组成，最大设计总质量40t，核定载质量32t，实际装载29.66t。允许装载介质为甲醇，实际装载甲醇。

后车由半挂牵引车和罐式半挂车组成，最大设计总质量39.8t，核定载质量30.6t，实际装载29.14t。允许装载介质为轻质燃油，实际装载甲醇。

（二）事故经过及处置过程

1. 事故经过

（1）发生事故前路段交通情况。

事故发生前一天17时50分，晋济高速公路全线因降雪相继封闭；事故发生当天7时10分，交通管制措施解除。

事故发生当天11时起，事故路段车流量逐渐增加；12时45分，泽州收费站出省方向车辆增多，开始出现通行缓慢的情况；13时，持续出现运煤车辆在右侧车道和应急车道排队等候通行的情况；事发时岩后隧道右侧车道排队等候，左侧车道行驶缓慢。

（2）肇事车辆追尾情况。

事故发生当天14时43分许，前车装载29.66t甲醇运往河南省洛阳市，在沿晋济高速公路由北向南行驶至岩后隧道右洞入口以北约100m处时，发现右侧车道上有运煤车辆排队等候，遂从右侧车道变道至左侧车道进入岩后隧道，行驶约40m后，停在某轻型厢式货车后方。

14时45分许，后车装载29.14t甲醇运往河南省博爱县，在沿晋济高速公路由北向南行驶至岩后隧道右洞入口以北约100m处时，发现右侧车道上有运煤车辆排队缓慢通行，但左侧车道内至隧道入口没有车辆，遂从右侧车道变至左侧车道。后车驶入岩后隧道后，突然发现前方5~6m处停有前车；驾驶员虽采取紧急制动措施，但仍与前车追尾，并致使后车前部与前车尾部铰合在一起，造成前车尾部的防撞设施及卸料管断裂、甲醇泄漏，后车前脸损坏。

2. 应急处置过程

两车追尾碰撞后，前车押运员从右侧车门下车，由车前部绕到车身左侧尾部观察，发现甲醇泄漏。为关闭主卸料管根部球阀，该押运员要求驾驶员向前移动车辆。前车向前移动1.18m后停住，当驾驶员下车走到车身左侧罐体中部时，押运员发现地面泄漏的甲醇起火燃烧。甲醇形成流淌火迅速引燃了其他车辆燃烧。

（三）事故原因

（1）两车追尾的原因：后车在进入隧道后，驾驶员未及时发现前车，距前车5~6m时才采取制动措施；后车存在超载行为，影响制动。

（2）车辆起火燃烧的原因：追尾造成前车的罐体下方主卸料管与罐体焊缝处撕裂，但该罐体未按标准规定安装紧急切断阀，以致甲醇泄漏；发动机舱内高压油泵向后位移，启动机正极多股铜芯线绝缘层破损，导线与输油泵输油管管头空心螺栓发生电气短路，引燃该导线绝缘层及周围可燃物，进而引燃泄漏的甲醇。

（3）驾驶员和押运员习惯性违章操作，罐体底部卸料管根部球阀长期处于开启状态。

（四）应急处置分析

（1）在追尾碰撞发生后，前车押运员发现甲醇泄漏，为关闭主卸料管根部球阀，要求驾驶员向前移动车辆，强行分离两车。由于两车已经绞合在一起，强行分离必然产生金属摩擦进而产生火花，作为危货运输车驾驶员、押运员竟然在这个关键时刻没有冷静思考，掉以轻心地做出错误的应急处置操作，酿成大祸。

甲醇的闪点是11℃，爆炸极限是5.5%～44%，最小点火能量是0.215mJ（毫焦，1mJ=0.001J）。

（2）在追尾碰撞造成甲醇泄漏后，不要强行分离两车，而是要熄灭周围的所有车辆，消除点火源；在专业消防人员到来之前，尽可能使用车上的干粉、二氧化碳灭火器灭火，用沙土覆盖漏出的甲醇；尽快疏散隧道内的人员；远离泄漏物后拨打110报警。

（五）应急管理建议

（1）运输企业应要求驾驶员熟练掌握所承运危险货物的应急处置方法，并进行应急演练，以形成正确的应急处置肌肉记忆。

（2）运输企业应根据承运的危险货物配齐应急处置设备。

（3）运输企业应切实落实有关法律法规、技术标准的要求，确保罐式车辆罐体、可移动罐柜、罐箱的关闭装置在运输过程中处于关闭状态。

（4）驾驶员在不知道正确应急处置措施的情况下，绝对不可以擅自处置；要立即呼喊旁边人员撤离现场，在远离现场的地方拨打110报警。

七 城乡道路渣土车交通事故

某日8时42分许，湖南省湘潭县花石镇发生一起重大道路交通事故，共造成10人死亡、16人受伤，直接经济损失1255万元。

（一）事故基本情况

1. 驾驶员

自卸低速货车驾驶员，驾驶证准驾车型为C1，驾驶证状态正常。

2. 事故车辆

事故车辆的行驶证登记整备质量为2490kg，核定载质量为1490kg，总质量为4110kg。该车的实际超载重量为10780kg，超载262%。

3. 事故路段

事故路段位于X018线湖南省湘潭县花石镇日华村下坡路段底部，为县级双向两车道，技术等级为四级公路，路面宽度6m，南北走向，事故中心现场路段为直道，道路两侧有水沟，宽度75cm，现场路面无制动印痕，事故车辆行驶方向为下坡，坡长377.83m，坡度6.8%。

4. 天气

事故发生时湘潭县无降水,温度、湿度、气压、风速均正常,无恶劣气象。

（二）事故经过

事故发生当天6时许,湘潭县花石镇一辆自卸低速货车从花石镇日华村驾驶员家里出发到衡山某物流公司装载沙子。

7时17分许,该车装载沙子10410kg后从物流公司驶出。

8时许,该车在衡山县岭坡乡岭坡街水泥涵管厂装载5根水泥涵管（重300kg）。

8时42分许,该车行驶至县道X018线花石镇日华村下坡路段时（坡长377.83m,坡度6.8%,坡底是日华村马路市场,当天有集市）,制动失效导致车辆失控,以约为25km/h的车速碰撞、碾压集市中人群。

（三）事故原因

自卸低速货车驾驶员驾驶严重超载且安全技术状况不符合标准的机动车上道路行驶,车辆制动系统失效是事故发生的直接原因。驾驶员临危操作不当。

事故车辆因严重超载,在下坡过程中车辆动能巨大,加之驾驶员为减速,连续踩踏制动踏板,使储气筒内高压空气从已龟裂破损的前轮制动软管和左后轮制动泵皮碗破损处泄漏,逐渐使制动效能下降,导致制动失效。车辆在制动无效情况下滚动前进中,保险杠左前部碰撞道路左侧轿车,前部、轮胎及底盘部件碰撞前方行人,并在前进中碾压人群。

（四）应急处置分析

该起事故中的驾驶员在车辆制动失效、车辆失控的情况下，放弃了应急处置措施，任由车辆在失控的情况下冲向人群，这是一种极不负责的行为。

（五）应急处置建议

（1）驾驶员要尽一切手段挽救危局，在任何车辆和货物面前，人的生命最宝贵。

（2）事故路段是县道，集市位于平直道的中部，失控车辆在下坡后的速度逐步降低至25km/h，驾驶员完全有条件采取抢挂低速挡减速，利用车厢靠向路旁的边沟、岩石、护栏、树林剐蹭撞击等应急处置措施使车辆停下来，这是一场不该发生的悲剧。

八 高速公路油罐车泄漏燃爆事故

某日凌晨，广深沿江高速公路5km+300m处发生一起货车与油罐车追尾相撞事故，其中油罐车中的溶剂油泄漏，继而引发爆燃，波及广深沿江高速公路高架桥下及周边的货物堆场、工棚，共造成20人死亡，31人受伤，直接经济损失约4600万元，过火面积1396.1m^2。

（一）事故基本情况

1. 驾驶员

货车驾驶员，持有有效的驾驶证。油罐车驾驶员和押运员，持有有效的驾驶证、从业资格证。

2. 事故车辆

油罐车核定载质量2.98t，事故发生时为空载，速度为50~60km/h，未超过该路段100km/h的限速。

货车持有有效道路运输证，经营范围是危险货物运输（3类）。核定载质量27.8t。事故发生时，该车装载54.22t溶剂油，超载约95%。

3. 事故路段

事故路段位于广深沿江高速公路南行5km+300m，设有由北往南三条行车道，从中央分隔带起依次为第一车道、第二车道、第三车道和应急车道。主线右侧为夏港入口匝道，沥青路面，完好干燥，直路微下坡。事故路段交通信号方式为标志标线，夜间无路灯照明，限速100km/h。

4. 环境

高速公路桥下公路建筑控制区域被占用从事经营活动。事故发生时有15户家庭作坊，共有30人在搭建的棚屋居住，并利用周边的空地从事垫木板的生产、翻新、销售等经营活动。

高速公路桥下公路建筑控制区域外，有7户共34人。

（二）事故经过及处置过程

1. 事故经过

事故发生前一天14时41分许，油罐车实际装载净重54.22t的溶剂油，离开装货公司。

随后油罐车搭载押运员的哥哥赖某一同前往广州。沿途，驾驶员和押运员轮换开车，互为押运员。

事故发生当天4时19分22秒，油罐车行驶至广深沿江高速公路夏港出口附近时（5km+300m），为让赖某下车，停在第三车道和应急车道之间。

4时20分10秒，一辆货车驶来，未采取任何避让措施，追尾碰撞油罐车，造成油罐车罐体破损，溶剂油泄漏约41t，并沿高速公路路面（斜坡路段）自西向东流淌，同时经高速公路10个排水口的排水管，流淌至离高速公路高架桥约12m下方及周边地区。

2. 应急处置过程

4时25分7秒，油罐车驾驶员拨打110报警，但由于情绪紧张，一直未能清楚说明具体情况。110接警员经反复询问，至4时31分许才问明情况，并立即转消防、交管和急救等部门。

4时39分59秒，广州消防夏港中队出发，消防、交管和医疗等救援队伍于4时51分先后到达事故现场，救出被困在货车内的驾驶员。

5时16分28秒，泄漏的溶剂油遇高速公路高架桥下过往机动车产生的火花引起连环爆燃，波及广深沿江高速公路夏港高架桥下及周边的货物堆场、工棚等建（构）筑物，并引起燃烧，导致重大人员伤亡事故。

（三）事故原因

（1）油罐车超载，并在广深沿江高速公路违法停车，货车追尾碰撞油罐车，造成油罐车装载的54.22t溶剂油泄漏。

（2）泄漏的溶剂油流淌至离高速公路高架桥约12m下方及周边地区，挥发的可燃气体与空气混合形成爆炸性混合气体，遇桥下过往机动车产生的火花引起连环爆燃，导致重大人员伤亡事故。

（四）应急处置分析

该起事故从追尾碰撞到燃爆经历了54min18s，期间失败的应急处置导致了二次事故，20条鲜活的生命在燃爆中逝去，教训十分深刻。灾难不会凭空发生，而是一连串关键事件的连锁反应。

（1）追尾碰撞事故发生（距燃爆54min18s）后，油罐车驾驶员采取的应急处置措施是拦截同向来车并企图拦截反向来车。这是一种毫无意义的措施，耗时5min。正确的措施应是立刻拨打110报警。

（2）油罐车驾驶员拨打110报警（距燃爆49min18s），耗时3min15s，却未准确说明事故地点、人员受伤（困）和危害程度等情况。油罐车主动停车下人，说明驾驶员明确知道具体的停车位置，但由于过分紧张，一直未能清楚描述事故情况。

（3）110接警员回拨驾驶员的电话（距燃爆46min18s），耗时约3min。重复的沟通浪费了宝贵的时间。

（4）公安向消防、交管、医疗等部门发出指令（距燃爆约42min）。

（5）消防、交管和医疗等救援队伍于4时51分（距燃爆约25min）先后到达事故现场。

（6）对于溶剂油泄漏的应急处置措施是：迅速撤离泄漏污染区人员至安全区，并进行隔离，严格限制出入；切断火源；对泄漏区进行通风；应急处理人员佩戴自给正压式呼吸器，穿防静电工作服；尽可能切断泄漏源；防止泄漏物质流入下水道、排洪沟等限制性空间。

专业的处置措施理应是消防、交管、高速公路队伍的基本常识,但首战消防队伍未针对大量(约41t)易燃易爆物质泄漏的特点,迅速查明液体已经流淌扩散的范围;未能准确分析现场地形地貌,全面地考虑事故可能造成的危害程度;没有配备扩音设备紧急通知周边人群疏散。高速公路交警对泄漏危害的严重程度估计不足,没有对相关车道实施管制措施,没有对高架桥下公路实施交通管制。高速公路路政部门没有向现场救援人员反映高架桥两侧建(构)筑物、木材堆放及人员情况。由于抵达现场的专业人员处于一种"集体视而不见"的状态,"防止二次事故"这个重要的应急处置原则被忽视,最终发生了二次事故。

(五)应急处置建议

(1)运输企业要为驾驶员提供完整的所承运危险货物的应急处置资料,包括但不限于危险货物的正确名称、商业名称、俗称,驾驶员要不断地针对所承运危险货物的泄漏处置进行演练。

(2)110接警员要加强与报警人员的沟通艺术,培养在沟通中快速捕捉关键信息的能力。

(3)现场救援人员要提高对潜在危害的感知能力,加强对危险货物知识的学习,丰富应急处置知识。在不清楚危险货物理化特性、应急处置要求的情况下要及时与专家联系,获取技术支撑。